¿QUÉ ES UN SÓLIDO?

Marla Conn y Alma Patricia Ramirez

Rourke
Educational Media

A Division of
Carson
Dellosa
Education

Glosario de fotografías

 timbre

 hueso

 ladrillo

crayón

centavo

roca

Un **timbre** es un sólido.

Un **crayón** es un sólido.

crayón

Una roca es un sólido.

Un **ladrillo** es un sólido.

Un **centavo** es un sólido.

centavo

Un **hueso** es un sólido.

Actividad

1. Menciona todos los sólidos de la historia.

2. Crea una tabla con la idea principal y los detalles en una hoja de papel.

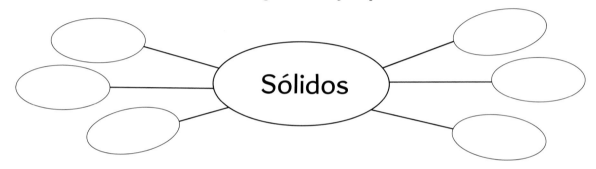

3. ¿Qué tienen en común todos los sólidos de la historia? (Tienen una forma definida y ocupan un espacio).

4. ¿En qué son diferentes los sólidos?

5. Halla otros sólidos en tu casa y en tu escuela. Crea una lista.

6. Haz un dibujo y escribe una oración acerca de un sólido.